TAPAS

BLUME

Contenido

Despensa mediterránea

BOCCONCINI

BOCCONCINI

Queso fresco, en su punto, originariamente de leche de búfala pero que hoy en día suele ser de leche de vaca. A menudo se le conoce como «baby mozzarella» y se conserva en suero de leche para mantenerlo húmedo. Esta joven y fresca mozzarella puede mantenerse de 2 a 3 semanas en el frigorífico. Cada 2 días deberá cambiar el agua en la que se conserva.

BULGUR

También conocido como bulgar o trigo fragmentado, es un producto a base de trigo descascarillado, hervido o cocido al vapor, secado y triturado. Se trata de un ingrediente básico de la cocina de Oriente Medio que no necesita mucha cocción, algunas veces tan sólo remojo. Está disponible en grano grueso o fino.

CIDRA

Es originaria del noreste de La India y su empleo se extendió a todo Oriente Medio y Asia durante la Antigüedad. Sus frutos parecen limones grandes y rugosos, tienen una cáscara muy gruesa y su pulpa es seca con un sabor bastante ácido. Su cultivo en la actualidad se debe a su gruesa cáscara, que se vende escarchada. Puede encontrarlo en algunas tiendas especializadas.

CUSCÚS

Un ingrediente básico de la cocina del norte de África, principalmente de Marruecos y Argelia. Se trata de un cereal procesado y elaborado con sémola y cubierto con harina de trigo. Suele utilizarse de la misma forma que el arroz en Asia, rico en carbohidratos, como acompañamiento de carnes y verduras. El cuscús instantáneo suele estar disponible en supermercados y sólo tendrá que cocerlo 5 minutos en agua hirviendo.

FETA

Un suave queso blanco curado en salmuera, lo que le da un gusto salado característico. Originariamente era de leche de oveja o de cabra, pero hoy en día, suele elaborarse con leche de vaca. Su nombre proviene de la palabra griega «fetes», que significa trozos o pedazos grandes, debido a que se corta así antes de curarlo en salmuera. Es el queso más conocido de todos los quesos griegos y se puede comer como aperitivo, frito o macerado. Se elaboran algunas variedades, como la búlgara, alemana y australiana, que son más cremosas y ligeramente saladas, y por otro lado están las variedades italiana, griega y danesa, que son más bastas y saladas.

HALOUMI

Es un queso salado procedente de Oriente Medio elaborado a base de leche de oveja. Se cree que su nombre es una de las pocas palabras que subsisten del antiguo idioma egipcio, *ialom*. Para su elaboración se calienta el requesón con suero hasta que entra en ebullición y, a continuación, se seca, sala y cura en salmuera; algunas veces se le añaden hierbas o especias. Suele cocinarse

BULGUR

CIDRA

CUSCÚS

FETA

HALOUMI

HALVA

al grill o frito para utilizarlo en ensaladas o para untarlo sobre pan.

HALVA

Es un dulce de Oriente Medio con muchas variaciones, pero la más común es el dulce hecho a base de semillas de sésamo machacadas, azúcar y glucosa o miel. Sazonado con nueces, frutas, chocolate y especias, el halva se presenta en forma de bloque y se vende en rodajas. También se conoce como halawch.

QUESO KEFALOTYRI

Es un queso curado y escaldado de oveja o cabra de color amarillo claro, muy duro, originario de Grecia. Su sabor y textura son muy similares a las del queso parmesano italiano. El kefalotyri presenta una gran variedad de usos según su estado de curación. Cuando es joven se emplea en tablas de quesos, cuando tiene 6 meses, se consume cocinado, principalmente frito, y cuando está más curado se convierte en un excelente queso rallado. Se puede sustituir por pecorino o parmesano.

LENTEJAS

Esta legumbre, que tiene su origen en Oriente Medio, puede encontrarse en muchas variedades, siendo las más comunes las rojas, verdes y marrones. No es necesario remojarlas antes de cocinarlas, pero sí se deben lavar para eliminar cualquier impureza. Tienen un alto contenido en pro-

teínas (25 %) y, son bajas en grasa; además, son una parte esencial de cualquier dieta vegetariana. A menudo se suelen mezclar las variedades verdes y marrones, y pueden sustituirse las unas por las otras.

QUINGOMBÓ

De origen africano, esta vaina verde curvada es muy popular en el Mediterráneo oriental. También se conoce como dedos de dama, u *okra gumbo*, en Estados Unidos. Tiene una textura muy pegajosa, que se puede atenuar poniéndola en remojo en zumo de limón y agua salada antes de cocinar, y es un espesante natural. Puede adquirirse fresco y enlatado. Si lo compra enlatado, lávelo bien.

PANCETA

Es un ingrediente muy importante en la cocina italiana. La panceta es tocino sin ahumar, procedente de la panza del cerdo, que se ha curado en sal y especias. Se suele vender enrollada, envuelta como el embutido

QUESO KEFALOTYRI

LENTEJAS

QUINGOMBÓ

PANCETA

PARMESANO

PECORINO

POLENTA

y cortada en rodajas muy finas. La panceta se puede comer tanto cruda como cocinada. Si no encuentra panceta, puede utilizar bacón en su lugar.

PARMESANO

Queso duro de vaca de uso muy extendido en Italia, ya sea rallado o troceado para decorar. Cómprelo siempre en trozos grandes y rállelo a medida que lo necesite, en lugar de comprar queso rallado envasado. Parmigiano-reggiano es la variedad más apreciada, lo que también se refleja en el precio, pero merece la pena.

PECORINO

Se trata de un nombre general para referirse a una amplia gama de quesos italianos de leche de oveja. Más específicamente, el nombre se refiere a los quesos duros de leche de oveja del centro de Italia y Cerdeña. El más famoso de todos es el pecorino romano. El

pecorino lo puede encontrar suave o fuerte, incluso está disponible con sabores añadidos, como granos de pimienta. También está disponible el pecorino fresco.

POLENTA

También conocida como harina de maíz, estos granos de maíz secos y molidos aportan carbohidratos básicos a la dieta en el norte de Italia. Se suele utilizar con más frecuencia para las mezclas del tipo de las gachas con mantequilla y queso parmesano, o bien se puede cocer, dejar reposar y, a continuación, freír, asar al grill u hornear. La polenta puede ser de grano grueso, medio o fino.

JARABE DE GRANADA

También se vende como sirope o concentrado de granada. Se elabora a partir de una variedad de granada ácida cultivada en Siria y Líbano, cocida a fuego lento. El jarabe de granada tiene un sabor agridulce y nunca

debe confundirse con la granadina, que es un jarabe concentrado altamente azucarado, utilizado para hacer cócteles.

SETAS CALABAZA

También conocidos como *ceps* o *boletus*, son champiñones silvestres muy extendidos en la cocina italiana y francesa. Aunque también se pueden encontrar frescos, se venden principalmente secos. Las setas calabaza secas deben reconstituirse poniéndolas en remojo en agua caliente y, a continuación, lavándolas para eliminar cualquier resto de arenilla. El agua en la que se han puesto en remojo puede utilizarse posteriormente para añadir sabor a la comida. Las setas tienen un sabor fuerte y sustancioso, por lo que se deben utilizar con moderación.

LIMONES EN CONSERVA

Sabor inconfundible muy presente en la comida típica del norte de África, particular-

JARABE DE GRANADA

SETAS CALABAZA

LIMONES EN CONSERVA

PROSCIUTTO

PROVOLONE

LENTEJAS DE PUY

mente en las *tagine* marroquíes. Los limones se envasan herméticamente en un frasco con sal, zumo de limón y especias como granos de pimienta, hojas de laurel o incluso canela y clavos, y se dejan reposar no más de 6 semanas. Sólo se emplea la piel, por lo que antes de utilizarlos, se deben lavar y extraer toda la pulpa del limón.

PROSCIUTTO

Jamón italiano curado con sal y secado al aire. Se deja madurar de 8 a 10 meses; se corta en lonchas finas y se puede comer tanto crudo como cocinado. El más clásico es el prosciutto di Parma, que se suele servir como antipasto y también está muy extendido en la cocina italiana.

PROVOLONE

Se encuentra principalmente en el sur de Italia; este queso de apariencia dorada y corteza brillante, suele moldearse con las manos

dándole varias formas antes de colgarlo para que madure. Cuando es joven, el provolone es suave y delicado y, a menudo, se utiliza en las tablas de quesos. Cuando ya está maduro, el sabor es más fuerte y se puede utilizar como queso rallado. También puede encontrarlo ahumado.

LENTEJAS DE PUY

Es una lenteja pequeña y de color verde oscuro que en Francia, su país de origen, se considera una exquisitez. Mantienen su forma y su textura bastante firme una vez cocidas por lo que se utilizan con mucha frecuencia en ensaladas y entrantes. Las lentejas de Puy son más caras que el resto de variedades y suelen encontrarse en tiendas especializadas.

SÉMOLA

Es la harina basta que se obtiene tras la primera molienda del trigo. La sémola como

tal se puede encontrar en grano grueso, medio o fino. A menudo se elabora a partir de trigo «durum», para la elaboración de pastas, ñoguis o algunos pasteles. La sémola tiene menos almidón que otros productos a base de trigo, por lo que concede una textura más ligera a las preparaciones en que se emplea.

ZUMAQUE

Se trata de las bayas rojas ya secas de la planta *Rhus coriaria*, más conocida como zumaque, propia de Oriente Medio. Estos frutos contienen pequeñas semillas marrones de sabor ácido. Se utiliza principalmente en Siria y Líbano; suele utilizarse rallado en ensaladas y pescados, añadiendo un sabor cítrico y penetrante. De hecho, se utilizaba como condimento amargo en la Antigüedad, antes de la introducción del limón y hoy en día, su uso está muy extendido en las zonas en las que el limón aún es escaso.

SÉMOLA

ZUMAQUE

Hummus (Crema turca de garbanzos)

TIEMPO DE PREPARACIÓN: 20 minutos

+ una noche en remojo

TIEMPO DE COCCIÓN: 1 hora 15 minutos

Para 3 tazas

220 g de garbanzos secos
2 cucharadas de tahini (pasta de sésamo)
4 dientes de ajo aplastados
2 cucharaditas de comino molido
80 ml de zumo de limón
3 cucharadas de aceite de oliva
1 pizca generosa de pimienta de Cayena
zumo de limón extra, opcional
aceite de oliva extra para decorar
pimentón dulce para decorar
perejil fresco picado para decorar

1 Ponga en remojo los garbanzos en 1 litro de agua desde la vigilia. Escúrralos y colóquelos en una cacerola grande con 2 litros de agua fresca (lo necesario para que los garbanzos estén cubiertos de agua 5 cm por encima). Lleve a ebullición; a continuación, baje el fuego y deje cocer a fuego lento 1 hora 15 minutos, o hasta que los garbanzos estén muy tiernos. Retire las impurezas de la superficie. Escurra, reserve el caldo de cocción y déjelo enfriar para tocar los garbanzos sin quemarse. Compruebe que no quede ninguna piel de garbanzo suelta en la cacerola.

2 En un robot triture los garbanzos, el tahini, el ajo, el comino, el zumo de limón, el aceite de oliva, la pimienta de Cayena y 1 ½ cucharaditas de sal hasta que la mezcla espese y esté homogénea. Con el robot en marcha, añada poco a poco el caldo de cocción necesario (alrededor de 185 ml), hasta obtener un puré cremoso y homogéneo. Sazónelo con sal o con zumo de limón.

3 Preséntelo en un plato o fuente plana, eche un chorrito de aceite por encima y espolvoree el pimentón y el perejil sobre la superficie. Sírvalo con pan pita o pan árabe.

Examine los garbanzos cocidos para retirar cualquier resto de piel.

Triture la mezcla de garbanzos con el caldo hasta que esté cremosa.

Tapenade (Pasta provenzal de alcaparras con anchoas y aceite)

TIEMPO DE PREPARACIÓN: 10 minutos

TIEMPO DE COCCIÓN: ninguno

Para 1 ½ tazas

400 g de aceitunas negras carnosas
   deshuesadas
2 dientes de ajo aplastados
2 filetes de anchoa en aceite escurridos
2 cucharadas de alcaparras en salmuera
   lavadas y escurridas
2 cucharaditas de tomillo fresco picado
2 cucharaditas de mostaza de Dijon
1 cucharada de zumo de limón
60 ml de aceite de oliva
1 cucharada de coñac, opcional

1 En un robot triture las aceitunas, los ajos, las anchoas, las alcaparras, el tomillo picado, la mostaza de Dijon, el zumo de limón, el aceite de oliva y el coñac hasta obtener una mezcla homogénea. Sazónela al gusto con sal y pimienta negra recién molida. Pásela a un recipiente limpio y cúbrala con una capa de aceite de oliva. Cierre herméticamente y reserve en el frigorífico hasta 1 semana. Sírvalo untado sobre pan o en un plato de aperitivos variados.

Con el deshuesador saque el hueso de las aceitunas.

Triture los ingredientes hasta obtener una mezcla homogénea.

Baba ghannouj
(Crema turca de berenjena)

TIEMPO DE PREPARACIÓN: 20 minutos

+ 30 minutos para enfriar

TIEMPO DE COCCIÓN: 50 minutos

Para 1 ¾ tazas

2 berenjenas (1 kg)
3 dientes de ajo aplastados
½ cucharadita de comino molido
80 ml de zumo de limón
2 cucharadas de tahini
1 pizca de pimienta de Cayena
1 ½ cucharadas de aceite de oliva
1 cucharada de perejil finamente picado
aceitunas negras para decorar

1 Precaliente el horno a 200 °C. Pinche las berenjenas varias veces con un tenedor y áselas sobre una llama viva 5 minutos o hasta que la piel se ennegrezca y se formen burbujas. Ponga las berenjenas en una fuente y hornéelas de 40 a 45 minutos o hasta que estén tiernas y arrugadas. Póngalas en un colador dispuesto sobre un cuenco para que se escurran. Déjelas reposar 30 minutos o hasta que se enfríen.

2 Pélelas cuidadosamente; pique la carne de las berenjenas y póngala en el robot con el ajo, el comino, el limón, el tahini, la Cayena y el aceite de oliva. Triture hasta obtener una mezcla homogénea y cremosa. También puede utilizar un pasapurés o un tenedor. Sazone al gusto con sal y añada el perejil. Sirva en un cuenco o en un plato llano y decore con las aceitunas. Acompáñela con pan pita o pan árabe.

Pele cuidadosamente las berenjenas asadas.

Triture las berenjenas, el ajo, el comino, el limón, el tahini, la Cayena y el aceite.

Skordalia (Salsa griega a base de ajo)

TIEMPO DE PREPARACIÓN: 15 minutos
TIEMPO DE COCCIÓN: 10 minutos
Para 2 tazas

500 g de patatas harinosas peladas
  y cortadas en dados de 2 cm
5 dientes de ajo aplastados
pimienta blanca molida
185 ml de aceite de oliva
2 cucharadas de vinagre blanco

1 Caliente agua en un cazo y llévela a ebullición; añada la patata y déjela cocer 10 minutos o hasta que esté muy tierna.

2 Escurra la patata y aplástela hasta que consiga una textura suave. Añada el ajo, 1 cucharadita de sal y una pizca de pimienta blanca. Añada poco a poco el aceite, removiendo con una cuchara de madera. Agregue el vinagre y sazone al gusto. Sirva con pan crujiente o *crackers*, o bien con carne, pescado o pollo asados.

Cueza la patata en una cacerola con agua salada hasta que se ablande.

Escurra la patata y aplástela.

Añada gradualmente el aceite a la mezcla de patata sin dejar de mezclar.

Pesto
(Salsa italiana a base de albahaca)

TIEMPO DE PREPARACIÓN: 10 minutos

TIEMPO DE COCCIÓN: 2 minutos

Para 1 taza

50 g de piñones
50 g de hojas frescas de albahaca
2 dientes de ajo aplastados
½ cucharadita de sal marina
125 ml de aceite de oliva
30 g de queso parmesano finamente rallado
20 g de queso pecorino finamente rallado

1 Precaliente el horno a 180 °C. Extienda los piñones en la placa del horno y hornéelos 2 minutos o hasta que estén ligeramente dorados. Déjelos enfriar.

2 Triture los piñones, la albahaca, los ajos, la sal y el aceite en el robot hasta que consiga una salsa de textura homogénea. Pásela a un cuenco y mezcle con los quesos. Sírvala con pasta, carne o sopa.

Hornee los piñones hasta que estén ligeramente dorados.

Triture los piñones, la albahaca, los ajos, la sal y el aceite.

Mezcle los quesos parmesano y pecorino con la salsa.

Taramasalata
(Puré griego de huevas de pescado)

TIEMPO DE PREPARACIÓN: 10 minutos

+ 10 minutos de remojo

TIEMPO DE COCCIÓN: ninguno

Para 1 ½ tazas

5 rebanadas de pan blanco sin la corteza
80 ml de leche
1 lata (100 g) de *tarama* (huevas de salmonete)
1 yema de huevo
½ cebolla pequeña rallada
1 diente de ajo machacado
2 cucharadas de zumo de limón
80 ml de aceite de oliva
1 pizca de pimienta blanca molida

1 Ponga en remojo el pan en la leche 10 minutos. Saque el pan, exprímalo para eliminar el exceso de leche y, a continuación introduzca el pan, el *tarama*, la yema de huevo, la cebolla y el ajo en un robot. Tritúrelo 30 segundos o hasta obtener una mezcla homogénea y, a continuación, añada 1 cucharada de zumo de limón.

2 Con el robot en marcha, añada el aceite poco a poco. La mezcla debe ser homogénea y espesa. Añada el zumo de limón restante y una pizca de pimienta blanca. Si el puré está demasiado salado, añada otra rebanada de pan.

Ralle media cebolla pequeña.

Presione las rebanadas de pan sobre un tamiz para eliminar el exceso de leche.

Triture el pan, el tarama, *la yema de huevo, la cebolla y el ajo.*

Tzatziki
(Crema griega de yogur y pepino)

TIEMPO DE PREPARACIÓN: 10 minutos

+ 15 minutos de reposo

TIEMPO DE COCCIÓN: ninguno

Para 2 tazas

2 pepinos (aproximadamente 300 g)
400 g de yogur griego natural
4 dientes de ajo aplastados
3 cucharadas de menta fresca finamente
  picada, y un poco más para decorar
1 cucharada de zumo de limón

1 Corte los pepinos por la mitad a lo largo y extraiga las semillas. Deje la piel y rállelos groseramente sobre un tamiz, dispuesto sobre un cuenco, sálelos y déjelos escurrir 15 minutos para extraer el agua de vegetación amarga.

2 Mezcle en un cuenco el yogur, los ajos, la menta y el limón. Remueva bien hasta que quede perfectamente mezclado.

3 Enjuague el pepino con agua fría; a continuación, apriételo con las manos para escurrir cualquier resto de humedad. Agregue el pepino rallado a la mezcla de yogur y sazone al gusto con sal y pimienta negra recién molida. Sírvalo inmediatamente o consérvelo en la nevera hasta que vaya a servirlo. Espolvoree la menta restante por encima antes de servir.

Corte los pepinos por la mitad y quite las semillas con una cucharilla.

Mezcle el yogur, el ajo, la menta y el zumo de limón.

Exprima los pepinos rallados para eliminar restos de humedad.

Ajoaceite con *crudités*

TIEMPO DE PREPARACIÓN: 15 minutos
TIEMPO DE COCCIÓN: 1 minuto
Para 4 personas

4 dientes de ajo aplastados
2 yemas de huevo
300 ml de aceite de oliva ligero o aceite vegetal
1 cucharada de zumo de limón
1 pizca de pimienta blanca molida
12 espárragos recortados
26 rábanos
½ pepino sin semillas partido por la mitad
   y cortado en tiras
1 endibia abierta

1 Triture el ajo, las yemas de huevo y una pizca de sal en el robot 10 segundos.

2 Con el motor en marcha, añada el aceite poco a poco. La mezcla comenzará a espesar. Cuando ya esté espesa, añada el aceite más rápido. Deje que el aceite se disuelva y la salsa esté espesa y cremosa. Pásela a un cuenco y añada el zumo de limón y la pimienta.

3 Ponga a hervir agua en una cacerola, cueza los espárragos 1 minuto y, a continuación, sumérjalos en agua muy fría. Disponga los espárragos, los rábanos, el pepino y la endibia en una fuente alrededor del cuenco con el ajoaceite. Esta salsa también se puede utilizar para acompañar pollo o pescado.

Quite las semillas del pepino y córtelo en tiras.

Mezcle el zumo de limón con el ajoaceite espeso y cremoso.

Sumerja los espárragos en un cuenco con agua muy fría.

23

Kiymali pide (Pan turco plano)

TIEMPO DE PREPARACIÓN: 30 minutos

+ 2 horas 20 minutos para el levado del pan

TIEMPO DE COCCIÓN: 20 minutos

Para 6 piezas

½ cucharadita de azúcar
2 sobres de 7 g de levadura seca
60 g de harina común
435 g de harina de fuerza
60 ml de aceite de oliva
1 huevo ligeramente batido con 60 ml
   de agua
semillas de sésamo para espolvorear

1 Eche el azúcar en un cuenco grande con 125 ml de agua tibia y remueva hasta que se disuelva completamente. Añada la levadura y la harina común y mezcle hasta conseguir una textura homogénea. Cubra el cuenco con un plato y déjelo reposar 30 minutos o hasta que la mezcla esté espumosa y haya triplicado su volumen.

2 Eche en otro cuenco la harina de fuerza con 1 cucharadita de sal. Añada el aceite de oliva, 270 ml de agua tibia y la mezcla de la levadura. Amase hasta conseguir una masa flexible. Extiéndala sobre la superficie de trabajo enharinada y trabaje la masa 15 minutos. Añada la harina que la masa necesite para quedar suave y húmeda.

3 Haga una bola con la masa y colóquela en un cuenco aceitado. Cúbrala con un paño de cocina y déjela en un lugar templado 1 hora o hasta que triplique su volumen. Parta la masa, divídala en 6 porciones iguales y, amasándola lo mínimo posible, forme 1 bola con cada porción. Colóquelas en una bandeja y cúbralas con una bolsa de plástico. Déjelas reposar 10 minutos.

4 Espolvoree con harina una placa de horno grande. Extienda 3 bolas de masa hasta conseguir un círculo plano de 15 cm y colóquelas sobre la placa dejando espacio entre ellas. Cubra la masa con un paño y déjelas reposar 20 minutos. Precaliente el horno a 230 °C e introduzca la placa a altura media.

5 Haga marcas sobre la superficie de la masa con el dedo. Unte la masa con la mezcla de huevo y agua, y espolvoree el sésamo por encima. Colóquela sobre la bandeja precalentada y hornee de 8 a 10 minutos o hasta que la masa haya subido y esté dorada. Envuélvalas con un paño para que la corteza se ablande mientras se enfría.

Amase la masa 15 minutos o hasta que esté suave y jugosa.

Presione la superficie de la masa con el dedo.

Focaccia (Pan italiano plano)

TIEMPO DE PREPARACIÓN: 30 minutos
+ 3 horas 40 minutos para levar el pan
TIEMPO DE COCCIÓN: 20 minutos
Para 2 barras

½ cucharadita de azúcar blanquilla
1 sobre de 7 g de levadura de panadero seca
1 kg de harina de fuerza
60 ml de aceite de oliva

1 Mezcle el azúcar, la levadura
y 2 cucharadas de agua tibia en un
cuenco. Déjelo reposar en un lugar
templado 10 minutos o hasta que
la mezcla esté espumosa. Si no hace
espuma se debe a que la levadura
está caducada y tendrá que comenzar
de nuevo.

2 Eche la harina y 2 cucharaditas de sal
en un cuenco grande y mezcle. Añada
2 cucharadas de aceite, la mezcla de
la levadura y 750 ml de agua tibia.
Remueva con una cuchara de madera
hasta que consiga una masa flexible

y viértala sobre la superficie de trabajo enharinada.
Amase hasta conseguir una pasta suave, evitando
que quede seca o pegajosa, añadiendo harina o
agua tibia según lo necesite. Amase 8 minutos
o hasta obtener una masa homogénea.

3 Aceite un cuenco grande, meta la masa para
que se impregne con el aceite. Con un cuchillo haga
una cruz en la superficie, cubra el cuenco con un paño
y déjelo reposar en un lugar seco y templado 1 hora
30 minutos o hasta que duplique su volumen.

4 Aplaste la masa sobre la superficie de trabajo
enharinada. Divídala por la mitad. Extienda
una porción hasta conseguir un rectángulo
de unos 28 cm x 20 cm. Utilice las palmas de las
manos para estirar la masa desde el centro hacia fuera
hasta conseguir un rectángulo de 38 cm x 28 cm.

5 Unte con aceite una placa de hornear y
espolvoréela con harina. Coloque la masa
y envuelva la placa con una bolsa de plástico.
Déjela en un lugar seco y templado 2 horas
o hasta que su volumen se duplique.

6 Precaliente el horno a 220 °C.
Pincele la masa con aceite de
oliva y hornéela 20 minutos o
hasta que esté dorada. Enfríe
sobre una rejilla metálica
para que el aire circule bajo
el pan y conseguir una corteza
crujiente. Repita los pasos con
la masa restante. Consuma el
pan en las 6 horas siguientes
a su preparación.

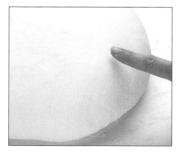

Amase la masa hasta que al apretarla
con un dedo recupere su forma.

Con las palmas de las manos extienda
la masa del centro hacia fuera.

Eliopsomo (Pan griego de aceitunas)

TIEMPO DE PREPARACIÓN: 30 minutos

+ 2 horas 30 minutos para que leve el pan

TIEMPO DE COCCIÓN: 35 minutos

Para 1 barra

375 g de harina común
1 sobre de 7 g de levadura de panadero seca
2 cucharaditas de azúcar
2 cucharadas de aceite de oliva
110 g de aceitunas negras carnosas,
   deshuesadas y cortadas por la mitad
2 cucharaditas de harina
1 pizca de orégano fresco picado
aceite de oliva para glasear

1 Eche ⅓ de la harina en un cuenco
grande y 1 cucharadita de sal.
En otro más pequeño eche la levadura,
el azúcar y 250 ml de agua tibia
y mezcle. Añada la harina y remueva
hasta conseguir una pasta fina.
Cubra el cuenco con un paño
y déjelo reposar en un lugar templado
45 minutos o hasta que la pasta
duplique su volumen.

2 Mézclala con el resto de la harina el aceite
y 125 ml de agua tibia. Remueva con una cuchara
de madera hasta que se forme una masa rugosa.
Pásela a la superficie de trabajo enharinada y amase
de 10 a 12 minutos, hasta conseguir una masa suave,
evitando que quede seca y pegajosa. Añada harina
o agua según lo necesite la masa. Finalmente haga
1 bola con la masa. Aceite un cuenco limpio y pase
por dentro la masa para que se recubra con el aceite.
Haga una cruz en la superficie, cubra el cuenco con
un paño y déjelo reposar en un lugar templado 1 hora
o hasta que duplique su volumen.

3 Engrase una placa de horno y espolvoréela con harina
por encima. Amase la pasta sobre la superficie de
trabajo enharinada para conseguir un rectángulo
de 30 cm x 25 cm x 1 cm. Extraiga el líquido de
las aceitunas y cúbralas con la harina extra; espárzalas
sobre la masa y espolvoree con el orégano. Enrolle
la masa por el extremo más largo y presione con
fuerza para evitar que se creen bolsas de aire. Presione
los bordes para obtener una barra ovalada de 25 cm
de largo. Pase la barra a la placa, con el borde de
la unión hacia abajo. Introduzca la placa en una
bolsa de plástico grande y déjela reposar en un lugar
templado 45 minutos o hasta
que duplique su volumen.

4 Precaliente el horno a 220 °C.
Unte la barra de pan con aceite
y hornéela 30 minutos. Baje la
temperatura a 180 °C y hornee
5 minutos más. Déjela enfriar
sobre una rejilla metálica.
Puede servirse tanto caliente
como fría.

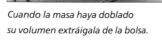

*Esparza las aceitunas y el orégano
sobre la masa y enróllela a lo largo.*

*Cuando la masa haya doblado
su volumen extráigala de la bolsa.*

Bruschetta

PARA PREPARAR UNA *BRUSCHETTA* BÁSICA CORTE DIAGONALMENTE UNA BARRA
DE PAN ITALIANO CRUJIENTE EN REBANADAS DE 1,5 CM. TUÉSTELAS EN LA PARRILLA
O BAJO EL GRILL HASTA QUE ESTÉN DORADAS, APLASTE 2 DIENTES DE AJO CON
LA HOJA DE UN CUCHILLO, PÉLELOS Y FROTE AMBOS LADOS DE LAS REBANADAS
CALIENTES. VIERTA UN CHORRITO DE ACEITE DE OLIVA VIRGEN EXTRA Y, PARA
FINALIZAR, CÚBRALAS CON ALGUNAS DE LAS DELICIOSAS SUGERENCIAS QUE
ENCONTRARÁ A CONTINUACIÓN.

ANCHOA, TOMATE Y ORÉGANO

Escoja 3 tomates maduros, extraiga
las semillas y córtelos en trozos no
demasiado pequeños, mézclelos con
1 cebolla roja pequeña finamente picada,
90 g de filetes de anchoa, escurridos y
picados, y 2 cucharadas de aceite de oliva.
Eche la mezcla con una cuchara sobre cada
bruschetta. Vierta por encima un chorrito
de aceite de oliva virgen extra y ponga
el punto final espolvoreando orégano fresco
picado y pimienta negra recién molida.

PATÉ DE ACEITUNAS NEGRAS, ROQUETA Y QUESO FETA

Mezcle en un cuenco 100 g de hojas de roqueta cortadas, 75 g de queso griego feta desmenuzado y 2 cucharadas de aceite de oliva. Esparza 2 cucharaditas de paté de aceitunas negras sobre cada *bruschetta* y cúbralas con la mezcla a base de queso feta. Vierta un chorrito de aceite de oliva virgen extra por encima y sazone con sal marina y pimienta negra recién molida.

PESTO DE TOMATES SECADOS AL SOL, ALCACHOFA Y BOCCONCINI

Esparza 1 cucharadita de pesto de tomates secados al sol sobre cada rebanada de *bruschetta*. Corte 12 rodajas (360 g) de mozzarella bocconcini y colóquelas sobre el pesto. Pique 55 g de corazones de alcachofa marinados escurridos y póngalos sobre las rodajas de bocconcini. Espolvoree con perejil fresco finamente picado.

PESTO, PIMIENTOS ROJOS Y QUESO PARMESANO

Corte 3 pimientos rojos en tiras grandes y planas y retire las semillas y las membranas. Ase los pimientos a la parrilla hasta que la piel se oscurezca y se formen burbujas. Colóquelos en una bolsa de plástico y deje que se enfríen. Cuando estén fríos, pélelos. Deseche la piel y córtelos en tiras de 1 cm. Esparza 2 cucharaditas de pesto de albahaca sobre cada *bruschetta*. Cúbralas con las tiras de pimiento y 50 g de queso parmesano en virutas. Vierta por encima un chorrito de aceite de oliva virgen extra y sazone con sal y pimienta negra molida.

SETAS Y QUESO DE CABRA

Precaliente el horno a 180 ºC. Mezcle
125 ml de aceite de oliva con 3 dientes
de ajo picados, 2 cucharadas de perejil
picado y una cucharada de jerez seco.
Coloque 6 setas silvestres grandes sobre
una placa para horno cubierta con papel
de aluminio y rellénelas con la mezcla de
2 cucharadas del aceite reservado. Hornee
20 minutos o hasta que se ablanden. Mezcle
150 g de queso de cabra con 1 cucharadita
de tomillo fresco picado, y viértalo sobre
la *bruschetta*. Caliente la mezcla reservada.
Corte las setas por la mitad y coloque
½ en cada *bruschetta*. Rocíe con la mezcla
de aceite restante. Sazone con sal y pimienta
negra molida.

PAN CON TOMATE

Mezcle en un cuenco 4 tomates maduros
sin semillas, picados en trocitos, 15 g
de hojas de albahaca fresca troceadas,
2 cucharadas de aceite de oliva
y ½ cucharadita de azúcar blanquilla.
Sazone con sal y pimienta negra recién molida
y deje reposar la mezcla de 10 a 15 minutos
para que los sabores se entremezclen. Corte
un tomate maduro por la mitad y frote el lado
de la *bruschetta* sobre el que habrá vertido
el aceite, apretando el tomate para que
expulse el mayor jugo posible. Con cuidado,
vaya echando 2 cucharadas de la mezcla
de tomate sobre cada *bruschetta* y sirva
inmediatamente.

Calamares con salsa verde

TIEMPO DE PREPARACIÓN: 30 minutos
+ 30 minutos de marinada
TIEMPO DE COCCIÓN: 15 minutos
Para 4 personas

1 kg de calamares
250 ml de aceite de oliva
2 cucharadas de zumo de limón
2 dientes de ajo aplastados
2 cucharadas de orégano fresco picado
2 cucharadas de perejil picado
6 gajos de limón

Salsa verde
2 filetes de anchoa escurridos
1 cucharada de alcaparras
1 diente de ajo aplastado
2 cucharadas de perejil fresco picado
2 cucharadas de aceite de oliva

1 Para limpiar los calamares sujete el cuerpo y tire fuerte de los tentáculos. Corte el pico y deséchelo junto con las tripas adheridas a los tentáculos. Lávelos con agua fría, escúrralos y córtelos en pedazos de 5 cm de largo. Depósítelos en un cuenco. Limpie la cavidad del cuerpo y elimine la pluma. Pélelos bajo el agua fría y séquelos. Córtelo en anillos de 1 cm y depósítelos junto con los tentáculos. Añada el aceite, el zumo de limón, el ajo y el orégano y mezcle con los calamares. Refrigérelos 30 minutos.

2 Para la salsa verde: machaque los filetes de anchoa en un mortero o en un cuenco con una cuchara de madera. Lave las alcaparras y séquelas con papel de cocina. Pique las alcaparras finas y añádalas a las anchoas. Agregue el ajo y el perejil y eche poco a poco el aceite de oliva mientras remueve. Sazone con pimienta negra. Mezcle.

3 Escurra los calamares y áselos a la barbacoa o a la parrilla en 4 tandas de 1 o 2 minutos por lado, rociando con el líquido de la marinada. En el momento de servirlos sazónelos con sal, pimienta y perejil y acompáñelos con la salsa verde y los trozos de limón.

Tire de los tentáculos del calamar hasta separarlos de la cabeza.

Mezcle las anchoas, las alcaparras, el ajo y el perejil.

Cueza los calamares por tandas a la barbacoa o a la parrilla.

Queso feta macerado

TIEMPO DE PREPARACIÓN: 10 minutos
+ 24 horas en remojo + 1 semana de curado
TIEMPO DE COCCIÓN: ninguno
Para un frasco de 750 ml

4 dientes de ajo pelados
125 ml de zumo de limón
400 g de queso feta suave
6 ramitas de tomillo fresco
2 hojas de laurel fresco ligeramente picadas
½ cucharadita de granos de pimienta negra
hasta 375 ml de aceite de oliva virgen extra

1 Mezcle los dientes de ajo con el zumo de limón
y déjelos reposar 24 horas. Escúrralos y séquelos
con papel de cocina. Escurra el queso feta y córtelo
en dados de 2 cm. Vaya haciendo capas de feta,
tomillo, ajo, hojas de laurel y pimienta en un frasco
de 750 ml con una tapa que ajuste bien.

2 Rellene el frasco con aceite hasta que esté totalmente
cubierto. Ciérrelo y consérvelo en el frigorífico
1 semana antes de utilizarlo. Una vez abierto,
lo puede conservar en la nevera hasta 3 semanas.

*Escurra el queso feta y córtelo
en dados de 2 cm.*

*Llene el frasco con aceite de oliva
hasta que quede cubierto.*

Saganaki haloumi
(Queso haloumi frito)

TIEMPO DE PREPARACIÓN: 5 minutos

TIEMPO DE COCCIÓN: 2 minutos

Para 6 personas

400 g de queso haloumi
80 ml de aceite de oliva
2 cucharadas de zumo de limón

1 Seque el queso haloumi con papel de cocina y córtelo en rodajas de 1 cm.

2 Vierta una capa de aceite de 5 mm en una sartén grande y caliéntelo a fuego vivo. Fría todo el queso de una vez, 1 minuto por lado o hasta que esté dorado. Retírelo de la sartén y vierta por encima el zumo de limón. Sazone con pimienta y sirva inmediatamente como aperitivo. Acompáñelo con pan crujiente.

Fría las rodajas de haloumi en aceite hasta que ambos lados estén dorados.

Retire la sartén del fuego y vierta el zumo de limón por encima.

Patatas bravas

TIEMPO DE PREPARACIÓN: 15 minutos

TIEMPO DE COCCIÓN: 1 hora

Para 6 personas

1 kg de patatas Desirée
aceite de oliva para freír
500 g de tomates pera maduros
2 cucharadas de aceite de oliva extra
¼ cebolla roja finamente picada
2 dientes de ajo aplastados
3 cucharaditas de pimentón dulce
¼ cucharadita de pimienta de Cayena
1 hoja de laurel
1 cucharadita de azúcar
1 cucharada de perejil fresco picado

1 Pele y corte las patatas en dados de 2 cm. Lávelas y séquelas. Caliente abundante aceite en una sartén o cacerola de fondo grueso hasta que alcance una temperatura de 180 °C o hasta que al echar un trozo de pan éste se dore en 15 segundos. Fría las patatas por tandas de 10 minutos o hasta que se doren. Escúrralas sobre papel de cocina. No tire el aceite.

2 Haga un corte en forma de cruz en la base de cada tomate. Sumérjalos en un cuenco con agua hirviendo 1 minuto y a continuación, sumérjalos en agua fría y arranque la piel desde la cruz. Pique los tomates.

3 Caliente el aceite extra en una cacerola y fría la cebolla a fuego medio 3 minutos o hasta que se ablande y esté ligeramente dorada. Añada el ajo y las especias y cueza 1 o 2 minutos más o hasta que comiencen a desprender su aroma.

4 Añada el tomate, la hoja de laurel, el azúcar y 100 ml de agua. Deje cocer 20 minutos y remueva un poco, o hasta que la salsa se haya espesado y esté pulposa. Cuando esté templada, extraiga el laurel. Tritúrela en un robot. Antes de servir, vuelva a pasar la salsa a la cacerola y cuézala a fuego lento 2 minutos o hasta que esté caliente. Sazónela.

5 Vuelva a calentar el aceite a 180 °C o hasta que al echar un trozo de pan éste se dore en 15 segundos. Vuelva a freír las patatas por tandas de 2 minutos o hasta que estén crujientes y doradas. Escúrralas sobre papel de cocina. Al freírlas por segunda vez se vuelven más crujientes y se evita que queden empapadas en la salsa. Sírvalas en una fuente y vierta la salsa por encima. Decore con perejil.

Cueza la salsa de tomate 20 minutos o hasta que espese.

Vuelva a freír las patatas hasta que estén crujientes y doradas.

Borek
(Empanadillas turcas de pasta filo)

TIEMPO DE PREPARACIÓN: 1 hora

TIEMPO DE COCCIÓN: 20 minutos

24 piezas

400 g de queso feta suave
2 huevos, ligeramente batidos
25 g de perejil fresco picado
375 g de pasta filo
80 ml de aceite de oliva de calidad

1 Precaliente el horno a 180 °C. Engrase ligeramente una placa de horno. Desmenuce el queso feta en un cuenco grande con un tenedor o con los dedos. Añada los huevos y el perejil, mezcle y sazone con sal y pimienta negra.

2 Unte ligeramente 4 láminas de pasta con aceite de oliva y coloque las hojas unas sobre otras. Corte la pasta en cuatro tiras de 7 cm.

3 Coloque 2 cucharaditas colmadas de la mezcla de queso feta en el extremo de cada tira y dóblelas diagonalmente, formando empanadillas triangulares. Colóquelas en la placa, con el lado de unión hacia abajo, y unte la superficie con aceite de oliva. Repita la operación con el resto de la pasta y rellene 24 *boreks*. Deseche la masa sobrante. Hornee 20 minutos o hasta que las empanadillas estén doradas. Sirva como un plato más dentro de una variedad de aperitivos.

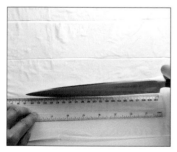

Corte la pasta filo previamente aceitada en 4 tiras.

Vierta un poco de la mezcla de feta en el extremo de cada tira de pasta.

Doble la masa simulando empanadillas con forma de triángulo.

Falafel (Pastelillos fritos de garbanzo)

TIEMPO DE PREPARACIÓN: 35 minutos
+ 48 horas en remojo + 50 minutos en reposo
TIEMPO DE COCCIÓN: 10 minutos

30 piezas

150 g de habas secas
220 g de garbanzos secos
1 cebolla groseramente picada
6 dientes de ajos groseramente picados
2 cucharaditas de cilantro molido
1 cucharada de comino molido
15 g de perejil picado
¼ cucharadita de chile en polvo
½ cucharadita de bicarbonato
3 cucharadas de hojas de cilantro picadas
aceite para freír

1 Ponga a remojar las habas 48 horas en un cuenco con 750 ml de agua. Escúrralas, lávelas y cúbralas con agua fresca.

2 También deberá remojar los garbanzos, pero en este caso 12 horas en un cuenco con 750 ml de agua.

3 Escurra las habas y los garbanzos y séquelos con papel de cocina. Tritúrelos en el robot junto con la cebolla y el ajo hasta que obtenga una mezcla homogénea.

4 Añada el cilantro molido, el comino, el perejil, el chile en polvo, el bicarbonato y el cilantro fresco. Sazone con sal y pimienta negra recién molida y mezcle hasta que todo esté perfectamente combinado. Pase la mezcla a un cuenco grande, amásela y déjela reposar 30 minutos.

5 Con una cuchara, forme bolas con la mezcla, a continuación aplástelas ligeramente, y colóquelas sobre una bandeja. Deje que reposen 20 minutos.

6 Vierta abundante aceite en una sartén de fondo grueso y caliéntelo hasta que alcance una temperatura de 180 ºC o hasta que al echar un trozo de pan éste se dore en 15 segundos. Fría los pastelillos por tandas de 1 a 2 minutos o hasta que se doren. Déjelos escurrir sobre papel de cocina. Puede servirlos tanto calientes como fríos, acompañados de hummus, *baba ghannouj* y pan pita.

Triture las habas y los garbanzos hasta conseguir una mezcla homogénea.

Forme pastelillos y aplástelos como hamburguesas.

Insalata caprese
(Ensalada de tomate y bocconcini)

TIEMPO DE PREPARACIÓN: 10 minutos

TIEMPO DE COCCIÓN: ninguno

Para 4 personas

3 tomates maduros grandes
250 g de queso bocconcini
12 hojas de albahaca fresca
60 ml de aceite de oliva virgen extra
4 hojas de albahaca troceada, opcional

1 Corte los tomates en rodajas de 1 cm, para obtener un total de 12 rodajas. Corte el bocconcini en 24 rodajas de 1 cm.

2 Coloque las rodajas de tomate en una fuente, alternándolas con 2 rodajas de bocconcini, e intercale las hojas de albahaca entre las rodajas de queso.

3 Rocíe con el aceite, espolvoree con la albahaca, si lo desea, y sazone con sal y pimienta negra molida.

Corte el bocconcini en 24 rodajas de 1 cm.

Coloque las rodajas de tomate en una fuente, alternándolas con el bocconcini.

Buñuelos de bacalao

TIEMPO DE PREPARACIÓN: 15 minutos
+ 24 horas en remojo
TIEMPO DE COCCIÓN: 50 minutos
35 piezas

500 g de bacalao salado
1 patata grande (200 g) sin pelar
2 cucharadas de leche
aceite de oliva para freír
1 cebolla pequeña finamente picada
2 dientes de ajo aplastados
30 g de harina con levadura incorporada
2 huevos, claras y yemas separadas
1 cucharada de perejil fresco picado

1 Ponga en remojo el bacalao 24 horas, cambiando el agua regularmente. Ponga a hervir agua en un cazo, añada la patata y déjela cocer 20 minutos o hasta que se ablande. Cuando se haya enfriado, pélela y redúzcala a puré junto con la leche y 2 cucharadas de aceite de oliva.

2 Escurra el bacalao, córtelo en trozos grandes y colóquelo en una cacerola. Cúbralo con agua y lleve a ebullición a fuego vivo; a continuación baje el fuego a medio y deje cocer 10 minutos o hasta que se ablande y se forme espuma en la superficie. Escúrralo. Cuando se haya enfriado, quítele la piel y las espinas que puedan quedar y, a continuación, aplástelo con un tenedor.

3 Mientras, caliente una cucharada de aceite en una sartén, añada la cebolla y fríala a fuego medio 5 minutos o hasta que se ablande. Añada el ajo y cueza 1 minuto más. Retire del fuego.

4 Mezcle en un cuenco la patata, el bacalao, la mezcla de cebolla, la harina, las yemas de huevo y el perejil, y sazone. Bata las claras a punto de nieve y, a continuación, añádalas a la mezcla. Ponga abundante aceite en una sartén de fondo grueso, y caliéntelo hasta que alcance una temperatura de 190 °C o hasta que al echar un trozo de pan éste se dore en 10 segundos. Vaya echando cucharadas colmadas de la masa a la sartén y fría los buñuelos 2 minutos o hasta que se hinchen y doren. Déjelos escurrir sobre papel de cocina y sírvalos inmediatamente.

Retire la piel y las espinas del bacalao cocido.

Incorpore las claras a punto de nieve al cuenco con la patata y el bacalao.

Fría los buñuelos con abundante aceite hasta que se hinchen y doren.

49

Horiatiki salata (Ensalada griega)

TIEMPO DE PREPARACIÓN: 20 minutos
TIEMPO DE COCCIÓN: ninguno
Para 4 personas

4 tomates cortados en gajos
1 pepino pelado partido por la mitad,
   sin semillas y cortado en dados pequeños
2 pimientos verdes sin semillas, partidos
   por la mitad a lo largo y cortados en tiras
1 cebolla roja en rodajas muy finas
16 aceitunas negras carnosas
250 g de queso feta firme cortado en dados
3 cucharadas de perejil fresco
12 hojas de menta fresca
125 ml de aceite de oliva virgen extra
2 cucharadas de zumo de limón
1 diente de ajo aplastado

1 Coloque el tomate, el pepino, el pimiento, la cebolla, las aceitunas, el queso feta y la mitad del perejil y de las hojas de menta en una ensaladera grande, y mézclelo.

2 Vierta el aceite, el zumo de limón y el ajo en un frasco con cierre de rosca, sazone y agite hasta que todo quede mezclado. Aderece la ensalada con este aliño y remuévala ligeramente. Puede decorar la ensaladera con el resto de perejil y hojas de menta.

Pele el pepino, extraiga las semillas y córtelo en dados pequeños.

Corte en trozos el queso feta.

Mezcle todos los ingredientes sin que se rompan los trozos de queso.

Dolmades (Rollitos griegos de hojas de parra)

TIEMPO DE PREPARACIÓN: 40 minutos

+ 15 minutos en remojo

TIEMPO DE COCCIÓN: 45 minutos

24 piezas

200 g de hojas de parra en salmuera
250 g de arroz de grano redondo
1 cebolla pequeña finamente picada
1 cucharada de aceite de oliva
50 g de piñones tostados
2 cucharadas de pasas de Corinto
2 cucharadas de eneldo fresco picado
1 cucharada de menta fresca finamente picada
1 cucharada de perejil fresco finamente picado
80 ml de aceite de oliva extra
2 cucharadas de zumo de limón
500 ml de caldo de pollo o verduras

1 Coloque las hojas en un cuenco, cúbralas con agua caliente y déjelas en remojo 15 minutos. Escúrralas. Elimine el tallo. Reserve algunas para forrar la cacerola. Ablande el arroz en agua hirviendo 10 minutos; escúrralo.

2 Mezcle en un cuenco el arroz, la cebolla, el aceite, los piñones, las pasas de Corinto, las hierbas, la sal y la pimienta.

3 Coloque las hojas sobre la superficie de trabajo, con los nervios hacia abajo. Deposite una cucharada de mezcla en la mitad de cada hoja, doble el tallo de la hoja sobre el relleno; a continuación doble el lado izquierdo, luego el derecho, y por último, enrolle firmemente la hoja hacia la punta. Los *dolmades* parecen un puro. Repita los pasos con el resto.

4 Coloque las hojas de parra reservadas sobre una sartén de fondo grueso. Rocíelas con la cucharadita extra de aceite. Introduzca los *dolmades* en el recipiente, juntándolos para que quepan todos. Añada el zumo de limón y el aceite restante.

5 Vierta el caldo sobre los *dolmades* y tápelos. Evite que se muevan mientras se están cociendo. Lleve a ebullición, baje el fuego y deje cocer tapados a fuego lento 45 minutos. Sáquelos con una espumadera. Se pueden servir calientes o fríos.

Doble las hojas de parra por la mitad y enróllelos hacia la punta.

Con los dolmades en una cacerola vierta el zumo de limón y el aceite.

Retire los dolmades cocidos con una espumadera.

Melitzanosalata (Crema griega de berenjenas asadas)

TIEMPO DE PREPARACIÓN: 20 minutos

+ 3 hora de refrigeración

TIEMPO DE COCCIÓN: 1 hora

Para 6 personas

2 berenjenas grandes
2 dientes de ajo picados
4 cucharadas de perejil fresco picado
1 cebolla pequeña rallada
½ pimiento rojo sin semillas y picado
1 tomate maduro grande finamente picado
2 chiles rojos pequeños sin semillas
60 g de miga de pan blanco
80 ml de zumo de limón
125 ml de aceite de oliva extra virgen
1-2 cucharadas extras de aceite de oliva
7 aceitunas negras

1 Precaliente el horno a 180 °C. Pinche varias veces las berenjenas con un tenedor, colóquelas en una placa y hornéelas 1 hora.

2 Pele las berenjenas y deséche la piel. Pique las berenjenas en trozos de tamaño medio y colóquelos en un colador para que se escurran. Presione las berenjenas con el mango de un cuchillo.

3 Mezcle los trozos de berenjena, el ajo, el perejil, la cebolla, el pimiento, el tomate, el chile y la miga de pan en un robot, sazone y triture hasta conseguir que todo quede mezclado pero no demasiado fino.

4 Con el motor en marcha, añada el zumo de limón y el aceite, alternando un chorrito de cada. De esta forma la mezcla espesará.

5 Pase la mezcla a un cuenco grande, cúbralo e introdúzcalo en el frigorífico 3 horas para que la mezcla se afirme y los sabores se amalgamen. Sirva la crema en una fuente poco profunda, rocíela con las cucharadas extra de aceite y decore con las aceitunas negras.

Utilice guantes a la hora de manejar los chiles para proteger sus manos.

Pele las berenjenas y píquelas.

Triture los ingredientes pero sin que la crema quede homogénea.

Fritto misto di mare
(Ensalada de marisco frito)

TIEMPO DE PREPARACIÓN: 20 minutos

TIEMPO DE COCCIÓN: 10 minutos

Para 4 personas

200 g de sepia

800 g de filetes de salmonete

½ cucharadita de pimentón dulce

75 g de harina

12 langostinos frescos pelados, sin el cordón
   intestinal, pero con la cola

aceite de oliva para freír

gajos de limón para servir

1 Precaliente el horno a 150 °C. Forre una placa
con papel de hornear. Coloque la sepia en una
tabla, con la pluma hacia abajo y, con un cuchillo
afilado, córtela a lo largo. Ábrala y extraiga la pluma
y las tripas. Corte la sepia por la mitad. Pélela bajo el
agua del grifo. Pique la sepia y los filetes de salmonete
en trozos del mismo tamaño. Séquelos con papel
de cocina. Sazone con sal y pimienta negra recién
molida. Mezcle el pimentón y la harina en un cuenco,
añada el pescado y agite para enharinarlo. Elimine
el exceso de harina.

2 Vierta abundante aceite en una cacerola de
fondo grueso, y caliéntelo hasta que alcance
una temperatura de 190 °C o hasta que al echar un
trozo de pan éste se dore en 10 segundos. Añada el
pescado por tandas y fríalo 1 minuto o hasta que se
dore y esté cocido por dentro. Escúrralo sobre papel
de cocina. Manténgalo caliente en la placa dentro
del horno mientras fríe el resto.

3 Disponga el pescado en una fuente. Espolvoréelo con
una pizca de sal y sírvalo junto con los gajos de limón.

Con un cuchillo corte el cuerpo
de la sepia.

Extraiga la pluma y las tripas.

Añada el pescado a la mezcla
de harina y pimentón y cubra.

Tortitas de lentejas y bulgur con salsa de yogur

TIEMPO DE PREPARACIÓN: 20 minutos

+ 1 hora 30 minutos de reposo

TIEMPO DE COCCIÓN: 1 hora 10 minutos

35 unidades

140 g de lentejas marrones enjuagadas
90 g de bulgur
80 ml de aceite de oliva
1 cebolla finamente picada
2 dientes de ajo picados
3 cucharaditas de comino molido
2 cucharaditas de cilantro molido
3 cucharadas de hojas de menta fresca
   finamente picadas
4 huevos ligeramente batidos
60 g de harina
1 cucharadita de sal marina

Salsa de yogur
1 pepino pequeño pelado
250 g de yogur griego natural
1 o 2 dientes de ajo finamente picados

1 Hierva las lentejas en una cacerola con 625 ml de agua. Lleve a ebullición, baje el fuego y deje cocer a fuego lento 30 minutos o hasta que estén tiernas.

2 Retire la cacerola del fuego y añada agua hasta cubrir las lentejas. Vierta el bulgur, tape y deje reposar 1 hora 30 minutos o hasta que se haya hinchado. Transfiéralos a un cuenco.

3 Para la salsa de yogur, parta el pepino y quítele las semillas. Ralle el pepino y mézclelo en un cuenco con el yogur y el ajo.

4 Caliente la mitad del aceite en una sartén a fuego medio. Fría la cebolla y el ajo 5 minutos o hasta que se ablanden. Añada el comino y el cilantro.

5 Añada la mezcla de cebolla, menta, huevos, harina y sal a la de lentejas y bulgur y amalgámelas. La mezcla debe estar lo suficientemente espesa para freírla a cucharadas en la sartén. Si la mezcla fuera demasiado líquida, añada un poco más de harina.

6 Caliente el aceite restante en una sartén a fuego medio. Eche cucharadas colmadas de masa a la sartén y fríalas por tandas de 3 minutos por lado o hasta que se doren. Déjelas escurrir y sazónelas. Sírvalas acompañadas de la salsa de yogur.

Amalgame la mezcla de lentejas con la de cebolla, menta, huevos, harina y sal.

Fría las tortitas en una sartén hasta que se doren ambos lados.

Labneh makbur (Bolas de queso de yogur maceradas)

TIEMPO DE PREPARACIÓN: 35 minutos
+ 3 días para el escurrido + 3 horas en el frigorífico
TIEMPO DE COCCIÓN: ninguno
Para 18 bolas

1,5 kg de yogur natural
2 trozos de muselina limpios de 50 cm x 50 cm
2 hojas de laurel fresco
3 ramitas de tomillo fresco
2 ramitas de orégano fresco
500 ml de aceite de oliva virgen extra

1 Vierta el yogur en un cuenco, agregue 2 cucharaditas de sal y mezcle. Ponga los trozos de muselina, uno encima de otro, y vuelque el yogur en el centro. Una las esquinas de la muselina, átelas con un bramante y suspenda sobre un cuenco. Introdúzcalo en el frigorífico y deje escurrir el yogur 3 días.

2 Una vez que el yogur esté bien escurrido adquirirá la textura y la consistencia del requesón. Retire la muselina y deposite el yogur en un cuenco.

3 Con la ayuda de una cuchara, haga bolas con la masa y colóquelas en una placa grande. Deberá obtener 18 bolas. Cúbralas e introduzca la placa en el frigorífico 3 horas o hasta que estén firmes.

4 Introduzca las bolas en un frasco de cristal limpio y seco, de 1 litro de capacidad, con las hojas de laurel, las ramitas de tomillo y orégano, y rellénelo con el aceite de oliva. Ciérrelo y vuelva a introducirlo en el frigorífico; puede conservarlo hasta 1 semana. A la hora de servirlo debe estar a temperatura ambiente.

Vierta la mezcla de yogur en las muselinas, una las esquinas y átelas.

Haga bolas con la mezcla y colóquelas en una placa grande.

Introduzca el labneh en el tarro con las hierbas y agregue el aceite de oliva.

Tabulé (Ensalada libanesa de bulgur y perejil)

TIEMPO DE PREPARACIÓN: 20 minutos + 1 hora 30
minutos en remojo + 30 minutos escurriendo

TIEMPO DE COCCIÓN: ninguno

Para 6 personas

130 g de bulgur
3 tomates maduros (300 g)
1 pepino
4 cebollas tiernas en rodajas
120 g de perejil picado
10 g de menta fresca picada

Aliño

80 ml de zumo de limón
60 ml de aceite de oliva
1 cucharada de aceite de oliva virgen extra

1 Vierta el bulgur en un cuenco, cúbralo con 500 ml de agua y déjelo reposar 1 hora 30 minutos.

2 Corte los tomates por la mitad, exprímalos para eliminar todas las semillas y píquelos en dados de 1 cm. Corte el pepino por la mitad a lo largo, quítele las semillas con una cucharilla y píquelo en dados de 1 cm.

3 Para el aliño, bata en un cuenco el zumo de limón con 1 ½ cucharaditas de sal hasta que esté mezclado. Sazone con pimienta negra recién molida y agregue y bata el aceite de oliva y el aceite de oliva virgen extra.

4 Escurra el bulgur y exprima el exceso de agua. Deposite el bulgur sobre un paño limpio y déjelo secar 30 minutos. Páselo a un ensaladera grande, añada el tomate, el pepino, las cebollas tiernas y las hierbas, y mezcle. Vierta el aliño sobre la ensalada y vuelva a mezclarlo hasta que todo esté impregnado. Acompañado de pan, resultará delicioso.

Bata el aceite con el zumo de limón.

Escurra el bulgur y exprima el exceso de agua.

Mezcle los ingredientes de la ensalada antes de agregar el aliño.

Hamad M'rakad (Limones en conserva)

TIEMPO DE PREPARACIÓN: 1 hora + 6 semanas en reposo
TIEMPO DE COCCIÓN: ninguno
Para un frasco de 2 litros de capacidad

8-12 limones pequeños de cáscara fina
315 g de sal gorda
500 ml de zumo de limón (8-10 limones)
½ cucharadita de pimienta negra en granos
1 hoja de laurel
1 cucharada de aceite de oliva

1 Frote los limones con un cepillo de cerdas suaves bajo el agua del grifo caliente para eliminar la capa de cera de la cáscara. Cuartéelos, dejando que las partes sigan unidas por el tallo. Ábralos, quite las pepitas que vea e inserte 1 cucharada de sal en el centro. Apriételos para que recuperen su forma e introdúzcalos, dejando el menor espacio posible entre ellos, en un frasco de 2 litros con tapa de rosca o presión. (Dependiendo del tamaño de los limones, puede que no necesite utilizar los 12. Deben estar muy apretados y rellenar el frasco.)

2 Añada 250 ml de zumo de limón, los granos de pimienta, la hoja de laurel y la sal gorda restante. Rellene el frasco hasta arriba con el zumo de limón restante. Cierre y agite para combinar todos los ingredientes. Consérvelos en un lugar fresco y oscuro 6 semanas, dándole la vuelta al frasco cada semana. (En épocas cálidas deberá conservarlo en el frigorífico.) El líquido turbio se aclarará a las 4 semanas.

3 Compruebe si los limones están bien conservados, cortando en el centro de uno de los cuartos. Si el tejido que recubre la pulpa sigue blanco, significa que los limones aún no están preparados. Vuelva a cerrar el frasco y déjelo 1 semana más. Los limones deberán tener la cáscara blanda y el tejido el mismo color que la cáscara.

4 Cuando estén listos, eche una capa de aceite de oliva sobre la salmuera. Agregue aceite cada vez que saque un limón.

Cuartee los limones sin cortar ni separar la base.

Inserte la sal gorda entre los cortes de cada limón.

Llene el frasco hasta arriba con el zumo de limón restante.

Kalamaria toursi
(Chipirones en escabeche)

TIEMPO DE PREPARACIÓN: 25 minutos

+ 1 semana en reposo

TIEMPO DE COCCIÓN: 5 minutos

Para 4 personas

1 kg de chipirones
4 hojas de laurel fresco
4 ramitas de orégano fresco
10 granos de pimienta negra entera
2 cucharaditas de semillas de cilantro
1 chile rojo pequeño partido por la mitad
  y sin semillas
625 ml de vinagre de vino blanco de calidad
2-3 cucharadas de aceite de oliva

1 Sujete el cuerpo del chipirón con una mano
y la cabeza y los tentáculos con la otra y arránquelos.
Separe los tentáculos de la cabeza cortando por
debajo de los ojos. Deseche la cabeza. Extraiga
el pico y tírelo. Saque la pluma del cuerpo
y deséchela. Abra el grifo de agua fría, ponga
el chipirón debajo y pélelo. Puede utilizar las aletas.
Corte el cuerpo en anillos de 7 mm.

2 Vierta 2 litros de agua y 1 hoja de laurel en una
cacerola. Cuando rompa a hervir, eche los chipirones
y 1 cucharadita de sal. Baje el fuego y deje cocer
a fuego lento 5 minutos. Escurra y seque.

3 Vierta los chipirones en un frasco de 500 ml
con tapa que ajuste bien. Añada el orégano,
los granos de pimienta, las semillas de cilantro,
el chile y el resto de hojas de laurel. Cúbralo todo
con el vinagre y eche aceite de oliva hasta sobrepasar
2 cm por encima. Cierre el frasco y consérvelo
en el frigorífico 1 semana, como mínimo, antes
de consumir.

Limpie a fondo los chipirones, elimine
la pluma y córtelos en anillas.

Cueza a fuego lento las anillas
5 minutos y déjelas escurrir.

Añada al frasco aceite para
sobrepasar los ingredientes 2 cm.

Calzone con aceitunas, alcaparras y anchoas

TIEMPO DE PREPARACIÓN: 35 minutos

+ 1 hora 45 minutos escurriendo

TIEMPO DE COCCIÓN: 15 minutos

Para 4 personas

1 cucharada de azúcar blanquilla

7 g de levadura de panadero seca

540 g de harina

3 cucharadas de aceite de oliva

polenta para espolvorear

Relleno

2 cucharadas de aceite de oliva

200 g de queso mozzarella cortado en dados de 1 cm

2 tomates medianos con el zumo exprimido y cortados en dados de 1cm

12 hojas de albahaca troceadas

20 aceitunas negras deshuesadas

2 cucharaditas de alcaparras pequeñas

12 filetes de anchoa cortados en tiras de 2 cm de longitud

1 Mezcle en un cuenco el azúcar, la levadura y 80 ml de agua tibia. Déjelo en un lugar templado 15 minutos o hasta que la mezcla espumee. Si no hace espuma en 5 minutos, la levadura ha caducado y deberá empezar de nuevo.

2 Tamice la harina en un cuenco grande con ½ cucharadita de sal. Añada la mezcla de levadura, el aceite de oliva y 170 ml de agua tibia. Remueva con una cuchara de madera hasta que la masa se vaya unificando. Deposítela sobre la superficie de trabajo enharinada y amase hasta conseguir una masa blanda y húmeda pero no pegajosa. Añádale harina o agua tibia si lo necesita. Amase de 15 a 20 minutos o hasta que la pasta esté suave y elástica y ofrezca resistencia al aplastarla.

3 Unte con aceite las paredes de un cuenco grande. Pase la bola de pasta dentro para que se impregne del aceite y hágale un corte en forma de cruz en la superficie. Cubra el cuenco con un paño y déjelo reposar en un lugar templado 1 hora 30 minutos o hasta que la pasta duplique su volumen.

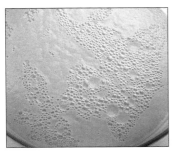

Deje la mezcla de levadura, azúcar y agua hasta que forme espuma.

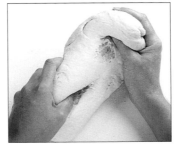

Amase hasta conseguir una pasta blanda pero no pegajosa.

Deposite la pasta sobre la superficie enharinada y divídala en 2 partes.

4 Precaliente el horno a 230 °C. Unte con aceite 2 placas de horno o de pizza y espolvoree la polenta. Traslade la pasta a la superficie de trabajo enharinada y divídala en 2 partes. Puede congelar una, o ambas partes, para utilizarla en otra ocasión. Dé forma de bola a una de las partes. Extiéndala hasta formar un círculo de 25 cm. Utilice las palmas de las manos, y trabaje desde el centro hacia los extremos; presione el círculo hasta conseguir un diámetro de 32 cm. Transfiera la pasta a la placa. Unte ligeramente con aceite la superficie de la pasta.

5 Distribuya la mitad de la mozzarella sobre la mitad de la pasta, deje libre 1 cm del borde exterior. Esparza la mitad del tomate y la albahaca sobre la mozzarella. Sazone. Reparta por encima la mitad de las aceitunas, las alcaparras y las anchoas. Doble la mitad de la pasta que no tiene relleno sobre la otra para dar la forma de media luna. Presione los bordes para sellarlos. Doble el borde hacia arriba, envuélvalo sobre sí mismo y presione

formando una especie de cordón para que quede totalmente cerrado. Unte la superficie con un poco más de aceite de oliva. Repita los mismos pasos con el resto de ingredientes para el segundo calzone. Hornee de 10 a 15 minutos o hasta que esté hinchado y dorado.

Presione la masa utilizando las palmas de las manos.

Esparza la mitad de los ingredientes sobre la pasta.

Presione el borde haciendo una forma de cordón para sellar completamente.

Sardinas rellenas

TIEMPO DE PREPARACIÓN: 30 minutos
TIEMPO DE COCCIÓN: 30 minutos
Para 6 personas

750 g de sardinas frescas pequeñas
2 cucharaditas de aceite de oliva
100 g de filetes de merluza u otro pescado de
    carne blanca
600 g de gambas cocidas peladas y sin el
    cordón intestinal
45 g de arroz de grano redondo
3 dientes de ajo aplastados
1 cucharada de menta fresca finamente picada
1 cucharada de albahaca fresca finamente
    picada
1 cucharada de cebollinos frescos finamente
    picados
2 cucharadas de queso parmesano rallado
2 cucharaditas de zumo de limón
1 huevo ligeramente batido
3 cucharadas de pan blanco rallado
2 cucharadas de aceite de oliva
aceite de oliva extra para servir
zumo de limón extra para servir

1 Precaliente el horno a 180 °C y unte con aceite una fuente retractaria plana de 30 x 25 cm.

2 Quite las cabezas, colas y aletas de las sardinas. Ábralas y saque los intestinos y la espina. Lávelas y escúrralas. Recorte los bordes de 24 sardinas y extiéndalas con la piel hacia abajo sobre la superficie de trabajo. Pique finamente el resto y deposítelas en un cuenco.

3 Caliente el aceite en una sartén y fría a fuego medio el pescado de 4 a 5 minutos por lado o hasta que esté hecho. No lo fría demasiado. Pique las gambas y añádalas al cuenco junto con el arroz, el ajo, la menta, la albahaca, los cebollinos, el queso parmesano y el zumo de limón. Mezcle, sazone y añada el huevo.

4 Deposite 12 sardinas abiertas por la mitad en la fuente preparada, con la piel hacia abajo. Esparza el relleno por encima, cubriendo y presionando cada filete. Cúbralo con el resto de las sardinas, esta vez con la piel hacia arriba. Esparza el pan rallado por encima y rocíe con el aceite de oliva. Hornee de 20 a 25 minutos o hasta que las sardinas estén doradas. Al servirlas, rócielas con aceite y zumo de limón.

Haga un corte longitudinal por la parte inferior de la sardina.

Quite los intestinos y la espina y lávelas con agua fría bajo el grifo.

Coloque el resto de sardinas con la piel hacia arriba.

Parmigiana di melanzane (Berenjenas gratinadas con mozzarella)

TIEMPO DE PREPARACIÓN: 20 minutos
TIEMPO DE COCCIÓN: 40 minutos
Para 6 personas

6 berenjenas finas (700 g)
80 ml de aceite de oliva
1 cucharada de aceite de oliva
2 cebollas finamente picadas
2 dientes de ajo aplastados
1 lata de 400 g de tomate triturado
1 cucharada de tomate concentrado
3 cucharadas de perejil picado
1 cucharada de orégano fresco picado
1 cucharadita de azúcar
125 g de mozzarella rallada

1 Precaliente el horno a 180 °C. Corte las berenjenas a lo largo por la mitad, sin quitar las semillas. Haga unos cortes entrecruzados por la parte interna, con cuidado de no atravesar la piel. Caliente la mitad del aceite en una sartén grande, añada la mitad de las berenjenas y fríalas de 2 a 3 minutos por lado o hasta que se ablanden. Sáquelas y repita la operación utilizando el resto del aceite y berenjenas. Deje que se enfríen y extraiga la pulpa con una cucharilla dejando un borde de 2 mm. Pique la pulpa y reserve la piel.

2 En la misma sartén, caliente 1 cucharada de aceite y sofría la cebolla a fuego medio 5 minutos, añada el ajo y cueza 30 segundos, a continuación, añada el tomate, las hierbas, el tomate concentrado, el azúcar y la pulpa de las berenjenas, y fría a fuego lento, removiendo ocasionalmente, de 8 a 10 minutos o hasta que la salsa espese y tenga una consistencia pulposa. Sazone.

3 Disponga la piel de las berenjenas en una fuente retractaria ligeramente engrasada y rellénelas con cucharadas colmadas de la mezcla de tomate. Espolvoree la mozzarella por encima y hornee de 5 a 10 minutos o hasta que el queso se derrita.

Haga cortes en la parte interna de la berenjena sin atravesar la piel.

Saque la pulpa de las berenjenas dejando un borde fino.

Rellene las cáscaras de berenjena con la mezcla de tomate.

75

Aceitunas aliñadas

PARA CUARTEAR LAS ACEITUNAS HAGA UN CORTE ALREDEDOR DE LA BASE
CON UN CUCHILLO PARA QUE LOS SABORES LAS INFUSIONEN. PARA ESTERILIZAR
EL FRASCO EN EL QUE SE VAN A ALMACENAR, ENJUÁGUELO CON AGUA HIRVIENDO
E INTRODÚZCALO EN EL HORNO CALIENTE HASTA QUE SE SEQUE. EL ACEITE DE OLIVA
SE SOLIDIFICA EN EL FRIGORÍFICO, POR LO QUE DEBERÁ SACARLAS DEL FRIGORÍFICO
30 MINUTOS ANTES DE SERVIRLAS.

ACEITUNAS CON HIERBAS

Ponga en un cuenco 200 g de aceitunas
negras pequeñas, 200 g de aceitunas verdes
cuarteadas, 200 g de aceitunas negras
carnosas cuarteadas, 3 ramitas de tomillo,
1 cucharada de hojas de orégano fresco,
1 cucharadita de pimentón dulce, 2 hojas
de laurel y 2 cucharaditas de ralladura de
limón, y mezcle. Pase todo a un frasco
esterilizado de boca ancha, de 1 litro de
capacidad, y añada 450 ml de aceite
de oliva. Deje macerar 1 o 2 semanas
en el frigorífico. Se puede conservar
1 mes en el frigorífico.

ACEITUNAS CON CHILE

Ponga a remojar 24 horas en vinagre o zumo de limón 3 dientes de ajo en láminas muy finas. Escurra el ajo y mézclelo en un cuenco con 500 g de aceitunas negras curadas (arrugadas), 3 cucharadas de perejil picado, 1 cucharada de copos de chile seco, 3 cucharaditas de semillas de cilantro machacadas y 2 cucharaditas de semillas de comino machacadas. Páselo a un frasco esterilizado de boca ancha de 1 litro de capacidad, y añada 500 ml de aceite de oliva. Deje macerar 1 o 2 semanas en el frigorífico. Se puede conservar 1 mes en el frigorífico.

LIMONES EN CONSERVA CON ACEITUNAS VERDES RELLENAS DE ANCHOA

Mezcle en un cuenco 500 g de aceitunas verdes rellenas de anchoa con ½ limón en conserva, sin membrana ni pulpa, la cáscara previamente lavada y picada en tiras muy finas, 2 cucharadas del zumo de los limones y 1 cucharada de semillas de cilantro. Páselo a un frasco esterilizado de boca ancha de 1 litro de capacidad, y añada 500 ml de aceite de oliva. Deje macerar 1 o 2 semanas en el frigorífico. Se puede conservar 1 mes en el frigorífico.

ACEITUNAS CON LIMÓN, TOMILLO Y ROMERO

Ponga a remojar 24 horas en vinagre o zumo de limón 2 dientes de ajo en láminas muy finas. Escurra el ajo y mézclelo en un cuenco con 500 g de aceitunas negras carnosas cuarteadas, 2 hojas desmenuzadas de laurel, 4 rodajas de limón cortadas en cuartos, 3 ramitas de tomillo fresco, 1 ramita de romero fresco, ½ cucharadita de pimienta negra en grano y 60 ml de zumo de limón, y agite para que se mezcle todo. Páselo a un frasco esterilizado de boca ancha, de 1 litro de capacidad y añada 500 ml de aceite de oliva. Deje macerar 1 o 2 semanas en el frigorífico. Se puede conservar 1 mes en el frigorífico.

ACEITUNAS CON CILANTRO Y NARANJA

Mezcle en un bol grande 500 g de aceitunas verdes grandes con 2 cucharaditas de semillas de cilantro machacadas, 3 cucharaditas de ralladura de naranja, 60 ml de zumo de naranja, ¼ cucharadita de pimienta de Cayena y 3 cucharadas de hojas de cilantro fresco picadas, y agite para que se mezcle todo. Transfiera la mezcla a un frasco esterilizado de boca ancha de 1 litro de capacidad, y añada 500 ml de aceite de oliva, o la cantidad suficiente para que quede cubierto. Deje macerar 1 o 2 semanas en el frigorífico. Se puede conservar 1 mes en el frigorífico.

ACEITUNAS CON HINOJO, NARANJA Y ENELDO

Ponga a remojar 24 horas en vinagre o zumo de limón 2 dientes de ajo en láminas muy finas . Escurra el ajo y mézclelo en un cuenco con 500 g de aceitunas negras cuarteadas, 4 rodajas muy finas de naranja cortadas en cuartos, 2 cucharaditas de semillas de hinojo machacadas y 2 cucharadas de eneldo fresco picado, y agite para que se mezcle todo. Páselo a un frasco esterilizado de boca ancha de 1 litro de capacidad, y añada 500 ml de aceite de oliva, o la cantidad suficiente para que quede cubierto. Deje macerar 1 o 2 semanas en el frigorífico. Se puede conservar 1 mes en el frigorífico.

BLUME

Título original:
Mezze Tapas

Traducción:
Clara E. Serrano Pérez

Revisión y adaptación de la edición en lengua española:
Ana María Pérez Martínez
Especialista en temas culinarios

Coordinación de la edición en lengua española:
Cristina Rodríguez Fischer

Primera edición en lengua española 2004

© 2004 Naturart, S.A. Editado por Blume
Av. Mare de Déu de Lorda, 20
08034 Barcelona
Tel. 93 205 40 00 Fax 93 205 14 41
E-mail: info@blume.net
© 2004 Murdoch Books, Sídney (Australia)

I.S.B.N.: 84-8076-536-4

Impreso en China

CONSULTE EL CATÁLOGO DE PUBLICACIONES *ON-LINE*
INTERNET: HTTP://WWW.BLUME.NET